Wie Gott durch viele lange Jahre
beschützt geführt dich bis hierher,
so bitt ich heute: Er bewahre
dir seine Gnade mehr und mehr.

Er möge für dein künft'ges Leben
dir Kraft, Gesundheit, frohen Mut
und seinen reichen Segen geben
als unseres Lebens höchstes Gut!

Überliefert

Hab Sonne im Herzen,
Ob's stürmt oder schneit,
ob der Himmel voll Wolken,
die Erde voll Streit.
Hab Sonne im Herzen,
dann komme, was mag!
Dann leuchtet voll Licht Dir
der dunkelste Tag.

Was man sich Gutes denken mag,
das wünsch ich Dir zu diesem Tag.

Kurz und gut mein Wunsch ist klein:
Du mögst gesund und glücklich sein!

Ich kam in diese Welt herein,
Mich baß zu amüsieren,
Ich wollte gern was Rechtes sein
Und mußte mich immer genieren.
Oft war ich hoffnungsvoll und froh,
Und später kam es doch nicht so.

Nun lauf ich manchen Donnerstag
Hienieden schon herummer,
Wie ich mich drehn und wenden mag,
's ist immer der alte Kummer.
Bald klopft vor Schmerz und bald vor Lust
Das rote Ding in meiner Brust.

Wilhelm Busch

Der Beweis für jedes Glücksgefühl ist die Dankbarkeit; und ich fühlte mich dankbar, obschon ich kaum wußte, wem gegenüber... Wir danken den Menschen für Geburtstagsgeschenke. Kann ich niemandem danken für das Geburtstagsgeschenk der Geburt?

Gilbert Keith Chesterton

Das Lächeln des Herzens

Wir verwechseln oft Vergnügen und Glück. Manchmal sagen wir Vergnügen statt Glück oder Glück statt Vergnügen. In Wirklichkeit wissen nur sehr wenige, was Glück bedeutet.

Vergnügen ist nur der Schatten des Glücks, denn Vergnügen ist abhängig von Dingen außerhalb unserer selbst, Glück entsteht in unserem Innern.

Glück gehört zu den Eigenschaften des Herzens, Vergnügen zur äußeren Welt. Die Entfernung zwischen Vergnügen und Glück ist so weit wie zwischen Erde und Himmel. Solange das Herz nicht auf den richtigen Ton gestimmt ist, wird es nicht glücklich sein.

Jenes innere Lächeln, das sich im Ausdruck eines Menschen zeigt, in seiner Atmosphäre, das gehört zum Glück. Wenn die Stellung und der Wohlstand des äußeren Lebens verlorengehen, so kann das innere Glück doch nicht weggenommen werden.

Das Lächeln des Herzens beruht auf der rechten Einstimmung auf jene Höhe, wo es lebendig ist.

Hazrat Inayat Khan

So können sie sich ändern

Zu mir kam einmal ein Siebzehnjähriger und erklärte:
„Ich verstehe mich mit meinem Vater nicht mehr. Wir haben jeden Tag Streit miteinander. Er ist so rückständig. Was soll ich bloß machen?“
Ich überlegte kurz und sagte dann: „Junger Freund, ich kann Sie gut verstehen. Als ich siebzehn Jahre alt war, war mein Vater genauso ungebildet. Es war kaum auszuhalten. Aber haben Sie Geduld mit so alten Leuten. Sie entwickeln sich langsamer.
Nach zehn Jahren, als ich 27 war, hatte er soviel dazugelernt, daß man sich schon ganz vernünftig mit ihm unterhalten konnte.
Und – ob Sie es glauben oder nicht –, heute, wo ich 37 bin, wenn ich keinen Rat weiß, dann frage ich meinen alten Vater.
So können sie sich ändern.“

Mark Twain

Die Gegenwart allein ist wahr und wirklich. Sie ist die real erfüllte Zeit, und ausschließlich in ihr liegt unser Dasein. Daher sollten wir sie stets einer heitern Aufnahme würdigen, folglich jede erträgliche und von unmittelbaren Widerwärtigkeiten oder Schmerzen freie Stunde mit Bewußtsein als solche genießen, d.h. sie nicht trüben durch verdrießliche Gesichter über verfehlte Hoffnungen in der Vergangenheit oder Besorgnisse für die Zukunft.

Arthur Schopenhauer

Mehr Leben in die Jahre

(statt nur mehr Jahre in das Leben)

Es ist komisch mit dem Alter.
Wenn wir selber zwanzig sind,
Weiß man glasklar, daß das Alter
So um dreißig rum beginnt.

Ist man aber selber dreißig,
Denkt man nicht mehr ganz so steif,
Denkt jedoch, so um die vierzig
Wär man für den Sperrmüll reif.

Vierziger, schon etwas weiser
Und vom Lebenskampf geprägt,
Haben den Beginn des Alters
Auf Punkt fünfzig festgelegt.

Fünfziger, mit Hang zum Grübeln,
Sagen dumpf wie ein Fagott:
Sechzig ist die Altersgrenze,
doch von da an ist man Schrott.

Sechziger bis Achtziger sind klüger,
Denken einfach nicht daran.
Jung sind alle, die noch lachen,
leben, lieben, weitermachen...

Unbekannter Verfasser

Das wahre Element des Lebens

Einmal sah ein Fuchs vom Ufer eines Flüßchens die Fische, die aufgeregt im Wasser hin und herschwammen.

„Welche Gefahr erschreckt euch?“ sagte der Fuchs. „Die hier und da, uns zu fangen, im Wasser ausgespannten Netze erschrecken uns.“

„Ach, ihr Armen“, versetzte der Fuchs, „warum kommt ihr nicht hierher aufs Trockne? Verlasset jene gefährlichen Wasser und kommt aufs Trockne, und wir werden in Frieden mit einander leben wie schon unsere Väter.“

„Bist du nicht jenes Tier, dessen Schlauheit alle rühmen?“ riefen die Fische. „Schöne Schlauheit! Hier im Wasser, dem Elemente unseres Lebens, leben wir zwar immer in großer Angst, doch du willst, daß, um uns zu beruhigen, wir uns an Land begeben, an einen Ort, der unser sicherer Tod wäre?“

Überliefert

Wer will das Leben?

Ein Weiser ging als Hausierer in den Straßen von Sephoris und der nahen Städte umher und rief aus: „Wer will das Leben?“ Alsbald drängte sich eine große Menschenmenge um ihn; und alle verlangten um die Wette den wunderbaren Balsam. Der Weise öffnete das Buch der Psalmen und las: „Wer ist der Mann, der das Leben will? Er fliehe das Böse und suche das Gute.“ (Psalm 32, 13-14)

Aus dem Judentum

Eines nur

Eines nur ist Glück hinieden,
eins; des Innern stiller Frieden
und die schuldbefreite Brust!
Und die Größe ist gefährlich
und der Ruhm ein leeres Spiel;
was er gibt, sind nicht'ge Schatten,
was er nimmt, es ist so viel!

Franz Grillparze

Spruch

Geh! gehorche meinen Winken,
Nutze deine jungen Tage,
Lerne zeitig klüger sein:
Auf des Glückes großer Waage
Steht die Zunge selten ein;
Du mußt steigen oder sinken,
Du mußt herrschen und gewinnen,
Oder dienen und verlieren,
Leiden oder triumphieren,
Amboß oder Hammer sein.

Johann Wolfgang von Goethe

Drei Wünsche

Ein junges Ehepaar lebte recht vergnügt und glücklich beisammen und hatte den einzigen Fehler, der in jeder menschlichen Brust daheim ist: Wenn man's gut hat, hätte man's gerne besser. Aus diesem Fehler entstehen so viele törichte Wünsche, woran es unserm Hans und seiner Lise auch nicht fehlte.

Eines Abends aber, als sie friedlich am Ofen saßen und Nüsse aufklopften und schon ein tiefes Loch in den Stein hineingeklopft hatten, kam durch die Kammertür ein weißes Weiblein herein, nicht mehr als eine Elle lang, aber wunderschön von Gestalt und Angesicht, und die ganze Stube war voll Rosenduft.

Über so etwas kann man nun doch ein wenig erschrecken, so schön es auch aussehen mag. Aber unser gutes Ehepaar erholte sich doch bald wieder, als das Fräulein mit wundersüßer Stimme sprach: „Ich bin eure Freundin, die Bergfee Anna Fritze, die im kristallenen Schloß mitten in den Bergen wohnt, mit unsichtbarer Hand Gold in den Rheinsand streut und über siebenhundert dienstbare Geister gebietet. Drei Wünsche dürft ihr tun; drei Wünsche sollen erfüllt werden."

Hans drückte den Ellenbogen an den Arm seiner Frau, als ob er sagen wollte: Das klingt nicht übel. Die Frau aber war schon im Begriff, den Mund zu öffnen und etwas von ein paar Dutzend goldgestickten Hauben, seidenen Halstüchern und dergleichen zur Sprache zu bringen, als die Bergfee sie mit aufgehobenem Zeigefinger warnte: „Acht Tage lang“, sagte sie, „habt ihr Zeit. Bedenkt euch wohl, und übereilt euch nicht.“ Das ist kein Fehler, dachte der Mann und legte seiner Frau die Hand auf den Mund. Das Bergfräulein aber verschwand.

So glücklich nun unsere guten Leute in der Hoffnung schon zum voraus waren, so waren sie jetzt doch recht übel dran, weil sie vor lauter Wunsch nicht wußten, was sie wünschen wollten, und nicht einmal das Herz hatten, recht daran zu denken oder davon zu sprechen, aus Furcht, es möchte für gewünscht passieren, ehe sie es genug überlegt hätten. Nun sagte die Frau: „Wir haben ja noch sehr viel Zeit bis zum Freitag.“

Des andern Abends, während die Kartoffeln zum Nachtessen in der Pfanne prasselten, standen beide, Mann und Frau, vergnügt an dem Feuer beisammen, vertieft in ihr künftiges Glück. Als sie aber die gerösteten Kartoffeln aus der Pfanne auf das Plättlein anrichteten und ihr der Geruch leiblich in die Nase stieg – „Wenn wir jetzt nur ein gebratenes Würstlein dazu hätten“, sagte sie in aller Unschuld und ohne an etwas anderes zu denken, und – o weh, da war der erste Wunsch getan. Schnell wie der Blitz kommt und vergeht, kam es durch den Kamin herab, und auf den Kartoffeln lag die schönste Bratwurst. Wie gewünscht, so geschehen. Wer sollte sich über einen solchen Wunsch und seine Erfüllung nicht ärgern?

„Wenn dir doch nur die Wurst an der Nase angewachsen wäre", rief ihr Mann in der ersten Überraschung, und wie gewünscht, so geschehen. Kaum war das letzte Wort gesprochen, so saß die Wurst auf der Nase des guten Weibes fest, wie hingewachsen, und hing zu beiden Seiten herab wie ein Husarenschnauzbart. Nun war die Not der armen Eheleute erst recht groß. Zwei Wünsche waren getan und vorüber, und noch waren sie um keinen Heller und um kein Weizenkorn, sondern nur um eine böse Bratwurst reicher. Noch war ein Wunsch zwar übrig. Aber was half nun aller Reichtum und alles Glück zu einer solchen Nasenzierde der Hausfrau? Wollten sie wohl oder übel, so mußten sie die Bergfee bitten, Frau Lise wieder von der vermaledeiten Wurst zu befreien. Wie gebeten, so geschehen, und so war der dritte Wunsch auch vorüber, und die armen Eheleute sahen einander an, waren der nämliche Hans und die nämliche Lise nachher wie vorher, und die schöne Bergfee kam niemals wieder.

Merke: Wenn zu dir einmal die Bergfee kommen sollte, so sei nicht geizig, sondern wünsche Numero eins: Verstand, daß du wissen mögest, was du Numero zwei wünschen sollest, um glücklich zu werden. Und weil es leicht möglich wäre, daß du alsdann etwas wähltest, was ein törichter Mensch nicht hoch anschlägt, so bitte noch Numero drei: um beständige Zufriedenheit und keine Reue.
Oder so: Alle Gelegenheit, glücklich zu werden, hilft nichts, wer den Verstand nicht hat, sie zu benutzen.

Johann Peter Hebel

Herausgegeben von David Jenssen

Fotografien von Klaus Ender
Umschlaggestaltung: Hermann Bausch

Reproduktionen: Dinner PrePrint, Schwanau
Herstellung: Dinner Druck, Schwanau
ISBN 3-451-26302-5